Photographer IG:lucas__visual

人生順利需要設計,
偶爾也要靠演技

黃小柔——著

黃小柔女人柔性覺醒的 20 堂課

Contents

"親愛的朋友，
你們好嗎？"

好久沒有用文字與你們交心，
這些日子，心心念念的就是我的讀者們，
大家一切都安好？

我依然每天忙碌，自從疫情擾亂了生活原本的模樣後，也影響了我的所有的思緒，以前都不以前了！

　　第三本書也拖了好久，實在不好意思，不是我不想認真寫，而是人生實在有太多變化，衝擊得我動也不想動，讓我的書遲遲的不知如何靜下心來撰寫；另一方面一直在思考，怎麼呈現，才能與現在看到這本書的你真正的內心交流，同時讓讀著這本書的你覺得有收穫，這才是我最想要的。

　　前些日子，因為自己的情緒生了一場病，連我這個天生樂觀的人，也會因身心靈突然失調，因著憂鬱差點倒下。

　　還好有家人、朋友的陪伴，讓我漸漸恢復昔日健康，但也因著這場病，讓我明白，什麼事情都急不來，開始試著去改變自己的生活步調，讓自己慢下來，去體驗更多人生帶給自己的禮物。雖然沒辦法再像之前那樣，什麼事情都想能快速掌握效率。

　　但，也因著開始慢慢練習放下以前的那些執著跟堅持，居然意外獲得了好多，讓我有更多時間可以去準備這次新書裡想分享的每件事情。

「人不瘋狂枉少年」當然不是要你去做一些瘋狂的事情才能明白這世界，而是誠實透過那些歷練，能夠真正的面對、吸收、看透，換取更多經驗，這就是讓自己變得更好的養分。

　　年少輕狂的迷茫和叛逆，讓我體會社會的冷、暖，省悟後，改變了衝動的叛逆個性，也因此現在進入四字頭的我，身段變得更柔軟，以前常常覺得過不去的事都變得好微不足道，這是一份驚喜，自己的身體送給自己的一份大禮，我覺得非常珍惜。

　　或許你跟我以前一樣曾經沒有自信、手足無措不了解自己的未來在哪？不曉得現在的路到底是不是正確的，甚至覺得自己什麼都不是，這時候你更要特別感謝那個鼓勵自己、支持、陪伴著自己、追尋著更好的生活的自己，這樣的你實在好勇敢！

　　知道嗎？自從出了前兩本書後，晉升成了兩性作家，常常都收到讀者私訊，我們交換了好多不同意見與感受，一起成長、一起看透了好多那時不明白的事。

活得精采、寬廣，經過時間歲月拉長後
再回頭看，如果曾經有過
令人再三回味的什麼，這一生就值得了！

有些人事物的關係與欲望，
不適合我們的就不要太盲目的去堅持，
那只會換來更多的傷痛與挫敗。

真實面對自己最好的方式其中之一，就是透過文字的記錄著感受，不用有太多顧忌，放心、安心的寫下所有心情，試著跟自己溝通，用文字去幫助自己，把一些搞不清楚的問題寫出來，然後慢慢的一個一個去面對跟發洩，就算大哭一場，這樣真的挺好的！很健康也、很有建設性。

　　沒關係，都還來得及，你也可以試著透過這本書，讓自己靜下來，有哪些人事物，你要開始淘汰了！

　　不管如何，切記一點不會錯，強摘的果實不甜美，太用力的人生會令人不自在，總是在快放棄的時候才會發現，原來那不是我想追求的生活。

　　或許我們常會因為繁忙的生活，暫時忘記一開始最堅持的夢想與初衷，太多瑣事漸漸壓垮了內心的盼望，所以我們要常常花點時間把自己拉回到一個原點，用最簡單的狀態，去找出不同適合自己的方式，繼續推進自己。

　　我是靠著文字與閱讀，解套生活上的壓力，甚至真的幫助到我找回原本最舒服的模樣，現在我很釋懷的看待每件事情，就算擁有著煩惱又怎樣，鼓勵自己正向的去感受那些阻力，培養危機處理的耐受力。這是需要練習的能力，一開始或許不太容易，但，你絕對不會因為這樣變得更不好，而是透過這樣訓練，一進一退的人生，或許也能走出出乎意料的勝利人生！

人生的日子照走、時間照過，
唯一可以證明你曾經來到這世界的，
是我們留下來的美好故事。

序篇／
親愛的朋友，你們好嗎？

當我邊寫邊感受那些回憶，其實有些時候，
我是真的還滿替自己感到開心，可以留下那麼
多在夜深人靜時能夠回味的努力事蹟。

還記得那時候面對自己人生第一份工作，

特別戰戰兢兢，凡事畢恭畢敬，只要有同事拜託，

即便我不太行，也會硬著頭皮一口答應……

20th

"那時候20歲 我相信人性本善"

幫忙？幫？不幫？

　　我還記得那時候面對自己人生第一份工作，特別戰戰兢兢，做事很小心、很認真，凡事畢恭畢敬，努力維持友善，深怕自己的表現，會讓前輩、同事們不喜歡我，只要有同事開口拜託我，即便我答應得有些勉強、即使我不太行，也會硬著頭皮一口答應，常常包辦超出我能力範圍的事情。

　　我覺得這可能是因為剛出社會沒什麼自信，想討好每個人，雖然被拜託的事情最後還是順利完成，但，平日就得要多花更多的時間不在自己的工作上，加上工作需要經常熬夜，隔天精神不好，注意力不集中，連自己分內的工作也沒有做好，常常被老闆、被上司盯上，搞得自己超級吃力不討好。畢竟在這種自討苦吃的狀態下，也怪不了誰，只能怪自己啊！

想當好人的下場就是像這樣，
最終的原因就是怕被討厭，
之後想拒絕也沒辦法！

有時候真的很想扁自己，幹嘛自我找碴，
搞到最後只要同事開口也不太好意思拒絕。

某些時候能幫忙，真是我的榮幸，可是這樣一直沒節制、無底線的幫忙，有沒有功勞就先別提了，好處真的不多！真能幫到忙，那是件好事，要是幫忙的事出了一點問題，就會發現，怎麼明明我是來幫忙，這位請我幫忙的人卻用不耐煩的口吻以及略帶質問的方式，怪我沒把事情做好；那時真的超悶，真的是 XX 在心頭。

　　其實現在回頭想想，我根本就是活該，明明自己就是能力不足，還硬著頭皮答應，後來才明白，這樣做並不會贏得尊重和友情，也不會讓你跟他們變成自己人，於是我才決定不再這樣，能幫忙就幫，改掉不敢拒絕的毛病，要不然這樣無止境的白忙、瞎忙真的會沒完沒了。

　　有時候拒絕是一種保護自己的美德，不行、沒辦法就是要懂得說 NO，別當爛好人，別人不會感謝你的。

　　那些年我學過幾次教訓後，我開始懂得辨別，什麼忙能幫，什麼人請你幫忙，趕快閃遠一點！他就是把你當工具人，好用即可，講什麼交情都是假的，當我真的需要他幫忙的時候，那個嫌棄又被麻煩到的臭臉，真的很醒世。

　　不怪他們，在職場上就是如此，亦是人在江湖身不由己，平時不自私一點，確實會比較吃虧。

衝刺篇／
那時候 20 歲我相信人性本善

說到創業的那三五事

　　說到創業在我24歲那年，在一次跟朋友聊天的過程裡，就決定了要創業。

　　創造自己的衣服品牌，是不是超酷的！但過程一點都不酷，除了人前看似成功賺錢的那一面，其實背後的辛酸史，直到現在我都歷歷在目。

　　還記得決定創業的那年夏天，最後我找了兩位志趣相投的好友，一起成立了我們的第一個品牌；從選布料到衣服打版，設計風格印製成商品，到最後找到專櫃販賣的過程裡，我們幾乎處處碰壁，畢竟我們的製單量不高，沒有一家廠商願意接我們的單，在成本也很有限的狀況下，真的是一家一家工廠拜訪。好不容易約到了負責人，開會對談的過程裡，我們總是用低的姿態懇請他們接單，但大家都是很快的拒絕，也清楚的告訴我們，要為我們完成小單是不太可能的，商品一上工廠線，出來的單量是有一定的數量，除非工廠是我的，才有可能為我只做一些些小數量的商品。

我還記得有一次，因為一位大姊回我：「是不是演藝圈混不下去了，才會開始來跟我搶生意啊！你們做事根本就是小孩在玩，別一直來煩⋯⋯」類似這樣比較直接的話來回絕我們。

　　我記得當下離開他們公司後，信心完全被擊敗的我坐在路邊，也不管有沒有人在看，直接放聲嚎啕大哭，整個泣不成聲，哭得真的就像那個大姊說的跟孩子一樣。因為不甘心啊！也很清楚的讓我感受到，這就是人家說的隔行如隔山！

　　要是我的心態是覺得大家應該幫忙或跟我們合作，那我一定很快就會放棄。創業這件事，最辛苦就是起頭的磨練，我也承認不知道自己可以撐多久，很像走進一條黑暗的山洞，走了好久就是看不見出口的光。還好那時候同伴們鼓勵我，靠著同伴彼此打氣，互相支撐一路走下去。

既然是我們決定要做的事，
擦乾眼淚、咬著牙也要繼續做下去，只願成功，
不能想到失敗！！

終於在挫敗的幾個月後，好心人士出現，有一位同行的長輩觀察了好久，最後看不下去，願意出手幫助我們，動用了他的關係，也是衣服品牌的人脈，幫助我們。除了萬分感激道謝之外，我也很好奇的問，為什麼他願意幫我們完成？這真的讓我非常意外。

他說，他一開始也是跟我一樣，這樣被拒絕了好幾百次，近乎感受到已經山窮水盡，最後他也是透過貴人協助，到現在成功的白手起家，所以他看我們這樣像打不死的小強，一路不放棄的從南到北的拜訪，讓他想到當年也是一直吃閉門羹，所以他願意以最少的起單量製作我們設計的衣服，希望哪天我們也可以為自己的親手創立的品牌，為自己感到驕傲。

我記得這是那一年最開心的事情。當時把包材到好的設計衣服作品，送到我們手上的時候，三個人幾乎是用尖叫歡呼、抖著手看著成品，那幾年的委屈跟不屈服現實，突然覺得好值得、好值得！一起熬過來的那些日子，是我這輩子雙十年華最難忘的回憶了！

終於開始了自創品牌的，這最苦澀的等待終於來臨，我們開始踏上創業的願望！

為了不讓所有的努力化為烏有，我們必須要花更多時間在前置作業上，從工作室成立，投入的成本分配，租賃工作室到彼此的薪水、工作責任歸屬，以及會計稅務發票開立這樣細項的事，我們幾乎天天開會，忙到沒天沒夜，都不覺得累，特別是產品設計、衣服款式、布料選擇……

我們是一群非常挑剔的設計師，非常很享受討論設計與開發的過程，光是摸不同的布料都讓我們興致勃勃，幾乎那幾年每天在做，從完全沒有布料可以挑選，到一個月幾百種不同材質的布料，紛紛寄到工作室來挑選；如果沒之前的堅持，怎麼會有這樣的幸運呢！

但，也因這樣我的手指也留下了這輩子沒有指紋的職業傷害；因為沒有下水過的布料，會因為還有殘留很多化學原料在上面，長期摸久了，指紋也漸漸慢慢薄掉到幾乎快看不見，這傷害到現在也導致我沒辦法碰太熱或拿溫度高的飲品。

衝刺篇／
那時候 20 歲我相信人性本善

能夠透過努力把夢想變成自己的生活，
這是多麼幸福的事！

那猶如夢境般的品牌事業

那幾年創業的日子有重大改變之外，連我們幾位股東的生活也開始慢慢的有些變化，幾乎每天為了品牌大小事情溝通見面，忙進忙出的，沒辦法像以前那樣輕鬆快樂，也因著品牌事業愈來愈大，也常常開會因意見不同吵架而不開心。

這時我們都必須要撇開好友的身分，檢討跟重新定義不同的設計風格理念，清楚的去細分彼此專精的部分，去聆聽彼此的意見，再一起排除萬難，去克服每次的難關。

其實到現在我還是會特別懷念那個時候的衝勁，天不怕地不怕的，就是為了把事情做好，其他的繼續努力面對所有協力廠商跟內部問題。這樣的幾年下來的磨合，我們終於成功的將我們夢想品牌送到東南亞、東北亞甚至美國去銷售！那是我人生第一次感到原來這就是努力過後的成功。

於是我們開始因為彼此意見不合產生很大的歧見；

衝刺篇／
那時候 20 歲我相信人性本善

那幾年過得很快樂，很踏實，
真的是每天都被自己的設計夢想喚醒，
對我來說那是最幸福的時刻。

其中一個最大的原因是因為我堅持要做電商，但公司必須花很大的一筆錢去開發；合夥好友希望就是這樣穩穩的，維持現狀不要再擴大，最後決定回到最初的狀態，不再繼續合作，因為他們不想再擴大，想要休息調整自己的生活規畫，品牌獲利了結後，他們把品牌交給我繼續發展……

想想那時候我們好年輕啊！創造了好多現在想起來都好熱血事情。

品牌在我的經營下確實更擴大了許多，在沒幾年後，我們一起創立的品牌被文創公司收購了！終於結束了所有品牌經營，結束了那幾年一起共患難的日子。

會不會覺得好可惜？

那些歷歷在目的畫面，又突然映在眼前，好像做了一場美夢，一場真實創業與社會現實的體驗，永遠忘不了。那些年的創業過程和歷練，現在還是運用在現在其他的事業上。而且，現在，我們彼此也都有各自成功的事業。

品牌的經營真的需要好多學習，不管是在製作、成本配置、公關，甚至每次設計理念都要加入其中，品牌到了第五年已經營運的非常不錯，海內外有19家經銷商，包括大陸、馬來西亞、新加坡、韓國、日本等多地跟我們批發，看似龐大的資金流已經可以滿足品牌的擴張，但，我卻看見另一種契機。

我們都長大了！也都結婚生小孩了，偶爾再聊起那段往事美好戰績，還是好開心，還是充滿感謝，還好那時候有他們的陪伴，在創業的路上就沒有那麼孤單。

　　這幾年很多人還是會問我，什麼時候還會想再做一個品牌？這也是我在夜深人靜的時候，常在思考的一件事。在一個成功的事業背後，是要有驚人的毅力跟戰鬥

衝刺篇／
那時候 20 歲我相信人性本善

力，如果沒有這樣的認知，還是先觀察自己還有沒有體力跟熱誠去創作一個新的事業。

我給自己的答案是：將來有機會一定再嘗試，但不是現在。

畢竟20歲的那些日子真的太拚命了，或許用一樣的方法，也真的沒辦法再來一次，再加上那些年過得太崎嶇跟壓抑，好不容易暫時斷開，要我再踏回去，都必須要花更大的精力與時間去預備！以我這個事業狂人絕對不是隨便再起爐灶的，更何況現在孩子還小，我還是想多多陪伴他們。

至於這個創業的夢想船，就先停在港口，哪天真的起風了，說不定又會看見我在時裝界恣意優雅的旋轉著！但，比起設計師夢想事業，我真的不急，這些年讓我體會人生有好多重要的新鮮的事情，等著我去完成！

或許你是那個正要起步創業的人，給你一些建議，多去看看一些相關書籍以及模仿一些成功企業家的特質，這對你一定會有相當的幫助之外，也可以讓你在創業雜亂的思緒裡，跳出突破重圍的思維。

我們完全不後悔這樣的結束，
因為那時候我們真的好認真，
用時間換取金錢都買不到的經驗。

衝刺篇／
那時候 20 歲我相信人性本善

有人罩著，真好！

　　還記得那時候，我相當熱中認識各式各樣的朋友。

　　可能是因為我來自單親家庭特別感到孤單，常常發夢希望身處在溫暖充滿愛與關心的家庭裡，最好身邊有很多的兄弟姊妹，甚至有長輩像爸爸媽媽這樣溫馨、溫暖關懷。感覺有很多人罩著，超有安全感，這樣就比較不會被欺負。

　　所以進入社會後，我按照著自己個性，積極認識非常多我很欣賞的人，再花時間慢慢的跟他們建立起深厚感情，一起建立相互扶持的夢幻家庭親友團。

　　在心中的夢幻家庭成員出現後，我們非常有默契的擁有緊密同心圓，不管做什麼，幾乎都在一起，那段期間真的是滿足了我小時候對一個家的期待。

　　但，那也是非常虛幻的。

　　畢竟不是每個人這樣想，朋友不是時時刻非得都膩在一起，並不是每個人都想要這樣跟朋友生活得這麼緊

20歲真的是一個非常棒的年紀，
因為看什麼事情都是美好的！

密，通常，吃喝玩樂時，朋友不嫌多，可是真的出了什麼事，誰會想幫你扛？還赴湯蹈火？沒人可以負擔另一個人的人生，更現實的狀況，往往是跑的比飛的還快。

我常常這樣一廂情願，也可能是因為太過期待，傷害還是不少，畢竟那時候太年輕還不是很懂得分辨，什麼人對我是真的好還是壞，一味的付出自己的時間與感情，就是想緊守著心中的那個家的夢。

我也發現，原本我只是單純的希望、渴望自己背後有一些真正關心自己、挺自己的人而已，可是，總是事與願違，愈是這樣在乎，關係愈是虛假。

社會是現實的，隨著時間跟經驗，我開始漸漸明白，太過依靠甚至依附在另一個人身上，那是非常不健康的，而且根本沒辦法依靠，反而會帶給身邊的人很大的壓力和負擔，畢竟那所謂甜蜜的負荷，很是沉重的，有時候連真正的家人都沒有辦法承受，這樣的依賴是必須改變，要不然非但沒辦法搞好人與人之間的關係，更壞的情況是，連親情都斷了！

混亂、迷茫的蒼白少年時

　　我曾經叛逆過，也被狠狠被背叛過，那時候的失落，我開始學會抽菸跟喝酒不想回家，每天留連在外，也不知道自己在做什麼，就是亂約一堆朋友，把認識的、不認識的全部集合在一塊，唱歌、喝茶，聊一些無關緊要的事情，漸漸的，我開始講話沒大沒小、忘了分寸，變成一個失序、一個自以為是的年輕人，一個令人討厭的孩子。

　　那時候我太過在乎朋友，可是在互動關係上，卻不懂得人與人之間的相處需要適當的距離，時時刻刻黏在一塊，非但得不到所想要、需要的關懷與愛，最後，我居然把這一切都歸咎於「自己不夠好」，開始自暴自棄，甚至不相信自己能夠有什麼太好的發展，搞到後來，我也不太挑身邊的人和朋友；因為太渴望愛，什麼朋友我都愛。卻又因為這樣，在那個時候好多人都以為我生活很亂，是一個很不好的女孩。我無力反抗，也沒機會去解釋，更不想去辯解。

　　會不會因此感到委屈呢？

　　會啊！那又能怎樣呢，嘴就長在別人身上。這些不好的印象停留在那個時候的身上也是很合理啊！那時的我根本也沒好好愛惜自己，有什麼理由，讓別人好好尊重自己呢？

沒有人該為你的感覺負責；
更別說什麼罩著你啊、溫暖寄託等等，
這些期望慢慢的從失落、到失望，那真的很痛、很痛！
嗯，這是很真實的成長過程，我就是這樣長大的

沒有誰該了解誰、誰該體諒誰，
或許我們身邊的人
也跟我們一樣也搞不懂自己，
都在混亂、摸索著長大。

　　常常我也搞不懂自己在想什麼，到處亂撞亂闖，單純的相信人性本善，慶幸那時還好有勇敢的自己，真心的交到了幾位知心好友，以及疼愛我的長輩們，有他們在已足矣啊！

　　有時回頭看看自己的人生，那些悲慘被欺負的故事後面，還是很有感觸的，要是沒有經歷過那些磨難、小痛的日子，哪會有現在蛻變後的我呢！當作是成長的磨練吧！

你說，那樣的我是不是很笨？哪有人一直傷害自己，
然後假裝不在乎別人的看法，其實卻自己難過得要死。

衝刺篇／
那時候 20 歲我相信人性本善

一定要痛苦，才會有養分？

　　有時會心疼那個時候的自己，受過傷的人總會特別堅強，甚至羨慕青春無懼的態度！現在的我可沒有這樣的 Guts，呵呵～目前我很保守，甚至很膽小、不大敢結交新的朋友。說真的，現在很難了，再也無法如此單純的看待人性，人到了一個年紀，已經扛不住那樣的灑脫，所以我很感謝自己，那時候直衝衝、憤世嫉俗、討人厭的刺蝟性格，那段灰暗時期，給了我很多養分。

　　當我慢慢有了一些覺知後，開始將自己帶離痛苦、憂鬱、沒有自信的人生，那些影響了我一輩子的生命的人，讓我更明白，自己是有價值的。

　　自我價值不是別人給的，你怎麼看待自己，很重要的，當你覺得自己什麼都不是，那還有誰能給你機會？帶領你進到更美好的生命裡呢？

　　不管你現在是在哪個年紀，慎選朋友是非常重要的！當然，也不是要你變得很世故，而是要仔細觀察、發現，真誠的朋友和夥伴，可以一起教學相長，彼此影響彼此的同類人，當你愈來愈成功自在的活著，就會發現，這才是擁有好朋友的真諦！

雖然我的雙十年華承載過一段不開心的回憶，與其一直沉浸在這樣的痛苦感受裡，倒不如給自己一個機會，去接近更好的人、事、物，真心的希望能夠變得更好，改掉那些不好的生活習慣、跟潛意識裡的不好念頭。

我願意原諒那些那時候傷害過我的人，
放下才是最好的成長，
當我開始變得更堅強，
就不會那麼辛苦去期望別人來愛我了！

過了三十歲後，我覺得時間開始變得好慢！

沒有像二十幾歲那樣飛快，每天都不知道下一秒要做什麼，

感覺每天就是一個瞎忙啊！青春也飛似一下子時間就過了！

30th

part 2 蛻變篇

"30歲我覺得
人性本惡"

莽莽撞撞的出頭鳥

初出社會那段時期，做事情都不會想後果，總是莽莽撞撞的、當了笨笨的出頭鳥。

以前在工作上，常常會因為求好心切、溝通不足，跟同事產生摩擦，而我的反應通常比較激烈，導致同事口中自己成了很難搞、不敬業的人，搞得自己裡外不是人，也把自己搞得很累。每換一個工作 team，一開始原本相處得還不錯，但時間一久，同樣的問題就又再度發生，明明開會時說好的事，討論後大家都同意的，怎麼到後來變得不一樣？而我則成了箭靶，感覺我好像是意見最多、想法最多的那個……這樣的例子多到數都數不完，最後團隊決策風向轉換時，很快的，往往我就是莫名被犧牲的那位。

誰不希望工作氣氛和諧呢，其實我更是，偏偏我這種滿腔熱血的衝動個性，常常在某同事煽風點火下，馬上就出事！總想當大姊頭，替別人抱不平，卻又老是是非不分，加上不懂得分辨什麼該說、什麼該閉嘴，前一件事情都還沒解決，又挖坑給自己跳，下場就是，讓誤會像雪球一樣愈滾愈大。

　　莫名背鍋，受傷、不開心不說，傻傻的相信別人說的委屈，也沒搞清楚問題的來龍去脈，沒頭沒腦的提出建議，這樣不出事，才有鬼。

　　其實團隊工作，本來就是大家同心協力，一起盡力完成工作，大家一起配合、能讓事情順順利利進行最重要，安安分分的把自己的事做好，而不是提出個人意見或想法，試圖改變或影響整個團隊的決策或工作程序、步調，應該說，大家沒有必要因為你一個突如其來的想法，改變已經運作已久的工作模式。

　　現在想起來，以前自己還真的有點白目，整個太單純、太天真了～我又不是什麼大人物，想法又太過單純、歷練不足、思慮不周，怎麼可能因為自己興起的想法，而改變整個體制呢！且要體制革新哪是那麼容易的事。

　　還好，隨著自己年紀愈來愈長，這些事情碰多了，慢慢也就修煉出自己的觀察力和敏銳性，不再那麼盲目衝動！

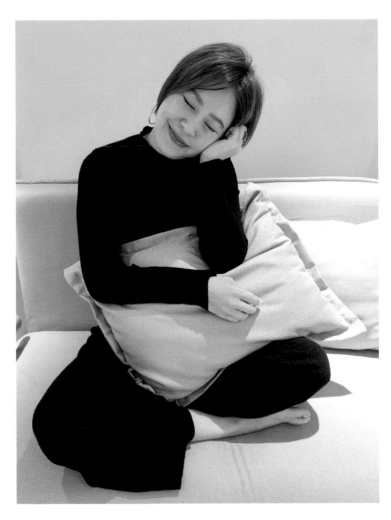

當我進入三字頭，
日子過得愈來愈怡然自得了。

簡簡單單一個人

　　了解自己，跌跌撞撞後的自省之後，突然還滿能調整自己進入輕熟的心態，也開始習慣、喜歡自己一個人，更愛這樣沒有太多雜事煩身的生活。

什麼事都變得簡簡單單的，
只需要為自己負責，不想要再尋找依靠。

　　以前因為爛人爛事碰多了！歷練累積了不同的人生經驗後，學乖了，不會像以前那麼幼稚，很愛生氣跟抱怨，更不會再期待有人可以跟我一起分擔所有的喜怒哀樂。

　　有時候太過期待某人的反應是病態的，不會有人會按照自己想像中的那樣美好與你同行，與其再度失望，跌落到那個莫名的失落感，又造成自己不快樂，還不如自我放飛，喜歡自己所有的優點、包容自己缺點，不需要老是因為看錯人而苦惱，那只會那會讓人失去心中的善念，覺得這個世界非常不友善，我是過來人，非常清楚那樣的痛苦。

　　有段時間我甚至開始慢慢對人性失去信心與耐心，但那也沒有不對，也沒有不好，只會讓我更小心的保護自己，不是一味的去討好跟迎合，反過來，花更多的時間跟自己和好，想辦法修護內心深處的缺憾和缺失，也學會比較理性的去面對人性讓自己受傷的部分，把自己叛逆、有稜有角的個性，慢慢的與社會磨合。

於是，我找到了跟這世界和平相處的平衡的方法，
生命裡也就比較沒有那麼多的衝突，
處世也就開闊些。

　　特別是在自己工作事業上的安排，相對的也更得心應手了許多，不是亂衝亂撞的闖出一條路，開始懂得安排一些適合自己和自己擅長與喜歡的工作，畢竟在娛樂

你知道嗎？
當你體悟到
可以把自己顧好的時候，
好事就會發生！

圈辛苦了那麼久，也累積了些小小的成就。

　　過三十歲，我最欣慰的一件事就是讓自己財富自由！如果以後能夠繼續這樣穩定的發展，我的內心裡才會踏實。所以三十歲過後，我開始有存錢，拚了那麼多年，終於有能力換更舒服的房子跟車子，感覺自己好像變成大人一樣，可以處理很多事情，包括情緒的控制，

蛻變篇／
30歲我覺得人性本惡

　　不再害怕被欺負，一切都變得更有自信，也許開始真正擁有屬於自己東西，不會再是像以前那樣，什麼都觸碰不到。

　　我想這才是享受生命，而且我很喜歡這樣狀態，還好所有的努力都沒有白費。

終結我的單身

　　我在33歲終結單身，也出乎意料的遇到令人滿意的另一半！

　蛻變篇／
　30歲我覺得人性本惡

他讓我體認到，原來愛情可以這麼不用假裝！那是多麼輕鬆沒有壓力，結婚這些年我的人生也沒因此這樣停下來，應該比以前過得更充實、更精采！

碰到我先生的那一年，應該是我最當自己的時候。

　　我花了四年生了三個小孩，那四年我邊懷孕邊工作的斜槓人生，是我犧牲最多的時候。

　　現在回想起來，常常覺得很不真實，身體根本不是自己的，工作上的妥協也最多，遇的困難很大、也很多，不是三言兩語就能說得透，經常有苦難言，但為了孩子的未來，咬牙也要吞下。

真是當了媽才知道媽媽有一種
什麼都能忍的偉大。

　　當你一覺醒看見三隻嗷嗷待哺的小毛球在身邊，
這樣的生活讓我覺得可以再放手一搏，面對這甜蜜的負
荷，哪能安逸於現狀。我跟先生很有危機意識，討論該
怎麼規畫這個家的未來。

再次自我挑戰

我們不再是輕鬆自由的兩個人，而是一家五口！

這個重擔與責任是非常重大的，我看到的是人生下半場接力賽，如何準確的銜接接下來的安排，我不希望老了、沒希望了才來擔心，我是一個喜歡準備的人。

通常一般人應該是會想辦法讓一切更安定，但，我卻不這樣想，個性強硬脾氣反骨使然，我卻反其道而行，作出了更大膽的決定——離開待了十幾年的經紀公司。

身邊很多人勸我，為什麼要離開這個待了十幾年的工作環境，而孩子們都還這麼小，突然要重新轉換跑道，會不會太冒險了呢？更何況，我現在不就是要在家好好的相夫教子，怎麼還想衝，甚至離開打拚了十幾年的舒適圈呢？如果離開了……之前的努力會不會就功虧一簣呢？

身邊的關心跟疑慮都是對的，但，我更相信自己的第六感，在演藝圈待了二十幾年，必須時常提醒自己要進步，也要隨時都要保持危機意識，當然不止演藝圈，

蛻變篇／
30 歲我覺得人性本惡

看著親愛的家人，
我認真思索人生的下半場該往哪裡走，
不希望臨老才被迫開始擔心下一步。

任何的工作都是如此，都要常常保持警覺性，時時刻刻讓自己不只步於眼前，不能眷戀現有的安逸。

雖然那時候有固定的節目錄影跟商演活動，但，把生活過得像公務員那樣穩定，讓我很緊張，覺得安定的日子來得有點太早，要是不好好努力規畫，我害怕自己真的很快就被演藝圈淘汰！想到我還有那麼多的人要養，就讓我更清醒，我必須去找尋更多不同的可能，以及接下來的這幾年的工作方式該如何調整。

我要再次挑戰自己！不讓自己有可能隨時一個後浪打來就消失掉，甚至失去原本安心的工作，要趕緊下決定，抓住浪的機會，衝了！

有時回想起來還是覺得還是好恐怖啊！現在網紅、YouTuber 新人輩出，要是沒再認真積極的讓自己有一點區別，這樣一直上節目消費自己也不是辦法，藝人轉型真的很不容易，畢竟這也是一件大事，當然還是會擔心是不是一換了就不紅了！我還想過，如果轉型不成功，沒了工作是要去哪裡打工啊？

那個時候我告訴自己，別再多慮了提起勇氣往前大步邁進吧！這樣我才能離開真正的能去外面闖一闖，要不然站在原地失敗，我一定會後悔到想呼自己一巴掌。

重拾文字記錄心情

現在過了四十，風景果然更不一樣，回頭看好慶幸自己堅持克服了自己的恐懼，這中間我選擇投入了一個好久以前就想嘗試的夢想工作，那就是變成了一位作家。

我記得小時候，我就是一個很愛用文字記錄一些感受的人，寫作會讓我非常開心，可是，不知道什麼時候我遺失了這個嗜好，幾乎好幾年沒有動手寫字，更別說記錄著什麼。

以前我喜歡拿著電腦，坐在客廳的地上，自己一個人開著一瓶紅酒，慢慢的記錄、回味著我愛的文字，它會讓我變安靜，讓我很有安全感。

我真的很想念我的文字，所以跟我的經紀人討論，那我們就往作家的身分重新出發吧！

蛻變篇／
30歲我覺得人性本惡

原來，不管到了幾歲，嘗試新的生活與挑戰，
都會令人滿足和快樂！

蛻變篇／
30 歲我覺得人性本惡

這幾年真的夢想成真，出了兩本書後，增加了更多自己不同的作品感覺真好，也因為出書，讓更多人認識到另一個不一樣的我，也倍增確認了我那時候突然積極的轉型，這樣的成就感真的只有自己在夜深人靜，等先生、孩子睡了的時候才可以感受得到。

可以在工作上感受到成就，對我來說是非常重要的。當我是一位表演藝術工作者，我可以全心的投入；當我是一位妻子，我可以照顧好另一半；當我是一位母親，能以身作則、成為孩子們的典範，讓他們看到媽媽的認真模樣……，我都忍不住替自己鼓鼓掌，這會讓我自己覺得自己超級有價值。

我想這就是這些年為自己累積出來的成績，不是我自誇，是真的很不簡單啊！

此時很想跟自己說～ 辛苦了！

害怕自己一個人獨處

　　三十過後，我試著強迫自己戒掉不再對身邊朋友產生幻想跟依賴，幻想這世界上只要有朋友在，我什麼都不用擔心，因為我們有彼此可以照顧彼此，就算沒有男朋友、老公，就算以後嫁不出去我們還有兄弟姊妹可以一起養老！

　　同時，我也試著停止對好友們的依賴，不再像以前那樣天天跟朋友混在一起，一天 24 小時。以前我幾乎有一半的時間都是留給我的朋友，常常因為工作一個禮拜的時間沒碰面，就好像一世紀沒有見面那麼長的感覺，那時候我跟朋友們天天見面是很正常的，只要工作結束，馬上一通電話召集大家，其實也沒做什麼，就是找一個空間膩在一起。

　　我記得有一次對我很好的前輩，突然有感而發的跟我說：「柔，我覺得你需要學會自己一個人獨處，花多點時間去做更多可以豐富自己生命的事情，而不是每天只跟朋友相處，他們已經很愛你，但目前他們只能陪伴，人

只要看見大家，心情再差都會變好，
好像擁有全世界那樣的安心。

生有些事情是需要獨自完成的！你可以勇敢的試試看，甚至強迫自己一個人生活，或許你可以先從放大自己的感官開始，然後學習沉浸在自己的世界，等你習慣後，再從內心裡面去發掘，聽聽看你真正需要的是什麼，那會很有趣，而不是短暫的仰賴某些關係不再進步。」

其實這有點說中我，自從出社會後，我很少一個人，甚至不喜歡一個人吃飯、看電影、逛街，沒人可以一起分享的感覺好差！反正就是不愛一個人，那時我也不曉得為什麼我會這樣！為了這件事我想了好久，到底要不要嘗試呢？好難好難啊！

說透了！我是真的不敢，首先我只要想到我要克服「只有自己一個人沒有人陪」，那真的會讓我頭皮發麻，幾乎是不可能，尤其手機不離身的我，怎麼可能不去碰手機？

突然我明白那個前輩說的意思了！我必須用強迫的方式，才有可能真的做到。

但，有必要這樣嗎？現在不是過得好好的，幹嘛這樣逼自己？

哎～我真的很討厭我這種猶豫不決的個性，超級不喜歡這樣不乾脆，反覆的煩惱了好些時間，因為那個時候發生一件事，我終於說服了自己一個人去旅行吧！看看到底會如何？

說起來好笑，原因是因為我認識了睿哥，也就是我

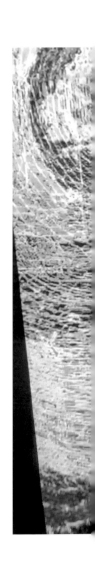

現在的先生，跟他在一起後，我發現他給我的愛跟以前的男朋友不太一樣，一股安定力量，安穩跑不掉的那種。當時我想，會不會有可能這輩子就是這樣兩個人的生活，真的沒辦法去體驗傳說中一個人的世界，我到時候會不會後悔？

一個人旅行

　　那年冬天，我一個人安排自己去紐約，它是我小時候最想去的一個城市之一，它是世界文化、時尚、尖端潮流的藝術殿堂，我覺得這輩子，一定要去過一次才行，訂好了機票準備好好玩它一個月，但就在出發的前夕，突然那個害怕一個人的恐懼又來了！

　　什麼？害怕一個人的恐懼？

　　對，我就是怕！到底有什麼好怕呢？我也不知道，反正我就是很膽小，比較沒辦法一個人做任何事情，而且想到如果我去到了那邊，沒辦法完成所有的行程怎麼辦？

　　突然想起，剛好我有一位閨蜜住在紐約，就是這麼剛好！立馬在出發前跟他聯繫。

　　我這位紐約的好友盛情邀約，要我取消飯店住宿去住在他家的客房，這樣我可以省下很多錢，也可以去更多我想去的地方。

當然，這是因為我跟他說我這次旅遊的目的，所以除了住宿之外，他也很貼心的沒有幫我安排任何行程，只有在我到的前後兩三天，帶我去吃了幾家一定要吃的餐廳，以及教我如何回到他家的方法

　　這趟獨自放飛的紐約自由行，還真是達成了一個人自由自的在國外街頭漫遊。雖然我表面上看起來好像很獨立、很會、很厲害可以到處探險的人，但說真的，其實我怕得要死，也超恨自己為什麼要作這個決定！

　　我選擇去的時間點剛好靠近聖誕節，所以不論走到哪，所有的大街小巷都是充滿著溫馨的耶誕氛圍，一堆像浪漫愛情電影中的片段——在街頭擁抱親吻的情侶，X的！何苦這樣整自己？

　　這真的是我人生中第一次體會到，原來，寂寞真的讓人如此痛苦萬分，這麼令人不舒服。

第一個禮拜，我真的超想回家，甚至還有好幾次不爭氣的偷偷哭了！我氣自己為什麼可以這麼孬啊，不就是出國一個人，有什麼好覺得害怕，再怎麼無法接受，也不至於這麼的恐懼吧？我是這樣的軟弱個性的人嗎？

　　那種瞬間撞到底部最脆弱的自己，推開了那扇我最不想面對的門，終於意識發現到，原來我不是太害怕寂寞，才需要隨時隨地不管去到哪裡，總是希望有人可以陪著；那個不太正常、過度依賴的情感，是因為我受夠了被欺負的感覺——

　　我記得那時我剛上台北，北漂人生的第一個重擊，樂觀、沒什麼危機意識的我，常常在職場上、朋友關係裡被孤立，尤其是一個人到了陌生環境很容易被欺負，更別說可以輕易的加入新的團體關係裡面，我只知道我必須想辦法壯大自……，後來，我開始偽裝自己，讓自己好像很會 social，這樣一來，當我的朋友多了，就覺得被保護了。後來後來，我漸漸忘記一個人的感覺……

　　其實現實當中，獨自一個人，真的沒有我想像中的那樣令人窒息。

　　當我明白心中那道門後的心魔，撐過了那個最不舒服的狀態，我激勵自己，既然花了那麼多錢，千辛萬苦說服自己來到紐約，再怕也不過就是這幾個禮拜，別再浪費時間，努力的跟自己真正的獨處吧！

自己偽裝自己，自己欺騙自己，
到後來都忘了自己原本的模樣是什麼……

想想，有多少厲害的藝術家跟哲學家，曾經跟我同樣的站在同一個城市，前人不是膽怯，而是放膽去做了好風流千古的事情，證明他們沒有白來過這一遭，就算我做不到名留世界，至少應該去好好感受一下他們曾經留下來的創作和智慧。

　　很幸運的，在自我調適後，第二個禮拜我為自己安排了這輩子最愛的藝術之旅，拜訪了紐約所有大大小小的美術館跟藝廊。其中我印象最深刻是，位於紐約市曼哈頓上東城的古根漢美術館——

　　猶記那天外面零下溫度，飄著雪，整個人快凍僵了，還硬要吃完一個人生摯愛的熱狗堡；我覺得這就是我心目中的紐約人率性自由，這樣一個人站在路邊冷到快瘋了的白痴行為。心中帶著喜悅跟滿足，直衝古根漢美術館。

　　當我買完門票，戴著我剛買的新藍芽耳機，接上這世界上最美妙的 wifi（那時候只有美術館有免費的網路），選了我最愛的 Coldplay 酷玩樂團的專輯，把音樂開到最大聲，大到再也聽不到外面世界的嘈雜之後，抬起頭，嘴角上揚，微笑著看著紐約最著名美術館之一的天花板——那一刻終於我進入到真正一個人的世界。

　　我刻意假裝我聽不到，沒有跟任何人互動的狀態下，靜靜的欣賞著每個地方。

看著美術館的地圖，先走到了二樓的販賣部買了一杯紅酒，優雅的走到窗邊，望著已經白雪茫茫的窗外街道，配著耳邊音樂，很快的喝完了紅酒，帶點小小的放鬆，恣意沒有拘束的開始亂晃。這是我這麼多年來，最沒有壓力、輕飄飄的時刻，不用說話，不用刻意討好，原來這世界是美好的！

　　愉悅的走到了頂樓，才晃晃悠悠看起畢卡索的人生。

　　是啊！多麼幸運！那天剛好展出的藝術作品是震撼我人生的藝術家之一畢卡索！

當我一開始看著畫作，從他的手稿進到粉紅、藍色、黑人到晚期的畫作，想像著他當時的感受，那份愛的執著，以及對自己的壓抑，一再再刺激著我的感官，整個人感動到說不出話來。

　　再次回到了二樓，又買了一杯紅酒，又回到了那個窗邊，這時想好好平復自己的心情，此時映入眼簾的是全白的紐約，剛好耳邊音樂響起久石讓的鋼琴曲，當下覺得人生無憾了！

　　這樣的解放、無雜音寧靜的安靜、更深的進到自己的世界，了解自己、與自己對話。

經過這次的洗練，對於朋友的依賴，終於有了轉變，我開始變得喜歡花更多的時間跟自己，喜歡與這個世界接觸交流，慢慢學習跟身邊的朋友拉出一條界線，一個良善的距離，一個可以專心跟自己相處的精心時刻，不再被任何人影響！這樣的平衡，以及友誼關係才是最舒服的方式。

　　感謝身邊這些願意告訴我、提醒我的朋友與前輩們，現在有更多時間去思考跟規畫追尋人生更多不同的可能性，包括愛情、事業終於也開始得到平衡。

原來一個人好舒服！
只是從來沒有人
教我如何跟自己獨處。

年過四十，愛已經在我身邊，伸手就摸得到，

當了媽改變了很多，朋友愈來愈少，但都真的像家人一樣，

也常常警惕自己，戰戰兢兢面對和珍惜，這一切得來不易。

40th

part 3 和解篇

"40歲我寧願
選擇善良"

愛的那個人就伸手就摸得到

以前我總是追著愛情跑，不管多麼棘手的對象，只要愛了！確定了！就衝了！

那時候愛情幾乎是我的全部，我也花了好多時間在尋找對的人，幻想希望可以很快就遇見那個人，能夠有一個人相依相守的多好。

沒想到至今，我已經過完了我的三字頭，進到了四十不惑的年紀，我期待的那位男人已經在我身邊十年之久，眼睛張開就看見，伸手就摸見，怎麼還記得昨天才剛開始交往，不到兩年的時間我們彼此就願意互許終生，開開心心的舉辦了結婚宴客。

我們一起搬進買的第一個新家過著新婚夫婦甜蜜的生活，再轉眼就懷上哥哥，彼此沉浸在為人父母的喜悅，慢慢開始熟悉嬰兒加入的三人生活。

隔兩年妹妹跟著出生，再次聞著寶寶香，看著可愛

還沒遇見另一伴的你，
別擔心，
該來的還是會碰到，急也沒用。

肥肥嬰兒臉龐湊在我們身邊安穩的睡著，這就是所謂的幸福吧！不到一年的時間弟弟也熱鬧的加入來到我們家成為我們第三個可愛的孩子！

四年生了三個，瞬間一家五口就這樣塞滿了我們的日常。再也不戴任何搖滾的飾品，也不愛化濃濃的妝，出門一定噴香水的我，戒掉了好多原本會做的事，從小小的車子換到了七人座的家庭車，從原本只適合小家庭的房子換到了四房的大空間，這樣的變化是不是很驚人？

有時候真的不能小看前面跑得慢的人，後面加速到你自己都會嚇到！人生就是這樣，總是出奇不意，老是以為遇不到那個會愛我很久的人，誰知道突然間這個我所期待的人，就這樣進入我的生命，這十年幾乎相伴在左右。

自從我跟睿哥在一起後，他成為我交往在一起最久的男人，
我們約會的時候有著絕佳默契，日子過得很快樂、也很愜意，
我們也很享受這樣兩個人的生活。

當了媽生活開始有了改變

結婚後，彼此的相處開始有點改變，因為婚後在一起的日子裡面，有一半時間是在忙著照顧小孩。

想起來那些日子天天面對新生兒，都還是有點怕怕的，誰天生會當父母，一下子來了三個，雖然喜悅，但壓力真的不小；沒餵過奶、沒換過尿布、沒看過寶寶生病的樣子，超級沒有耐心的我，常常看著孩子哭也跟著哭，不知道怎麼養活小朋友的失落感，擔心失去方向的慌張起來，加上原本生活的樣子不見了！這才是真的令我感到無力。

因為孩子，我們開始常常有很多想像不到的驚人摩擦，別說吵架了，差點吵到想分開的念頭都有，甚至有時候都怕自己撐不過去。

相處的這門學問實在不容易，結完婚要跟完全不同個性的人相處在同一個屋簷下，本就是個難題，加上三個新生命陸續報到，讓家庭生活的問題變得更加複雜。那已經不是我們兩個自身的問題，而是彼此都要控制好

如果婚姻不去經營

維持在一定的情感上，

肯定很快就荒腔走板的膩掉。

情緒，跟做對的決定，只要一個不注意，都會牽動整個家的步調與和諧，那真的不是我所樂見的。所以，婚後高EQ真的不只是需要愛，還需要很多包容、體諒跟智慧，這當然完全跟我想像中的愛情不一樣。

談談戀愛的愛情比較純粹，沒有太多責任跟壓力，也不需要太壓抑，而我也比較嚮往甜甜蜜蜜、輕鬆相處的感覺。

我覺得我好像比較能勝任老婆這個角色，只需要專心了解一個人，把彼此照顧就好，沒什麼太大的負擔，依然能夠繼續過著自己自在的人生。

至於當媽媽的部分，一開始真的有點痛苦，我必須要收起玩心，調整往常想出門就出門的欲望，不能再任性使然，更要以身作則的當孩子的媽，這還真的也是生完三隻後才開始有的體悟，漸漸的給自己一些規範，於是我發現自己的自由意志因此有很大的約束，我開始懷念起單身的日子，嗜愛如命的我，居然也會有婚後跟另一半還有孩子生活在一起太久，自己都覺得煩了的時候。

原來這才是真實婚姻背後的需要修練的習題。

我們不再是兩個人過日子那樣簡單！我們常需要找一些生活情趣或是刻意營造浪漫來維持夫妻婚姻品質，要不然真的很容易就變成室友，各過各的。

後來我也終於妥協明白婚姻的真諦是有所犧牲，委屈的反應也就不會這麼大，有了這樣的認知共識，也是經過好幾年，幾輪的激烈溝通才有的轉變，一切都是為了讓一切變得更好，那就努力吧！

　　經過那麼久的時間，還好現在孩子們都健康快樂的脫離了嬰兒時期，終於也不用再像一開始被小寶寶制約的感覺，加上兩個人的時間都比較能自由控制配合，生活工作上的分配也能平衡，婚後的感情也就沒有再處於像以前那樣緊繃的狀態，偶爾還可以享受偽單身手牽手的出門約會吃個飯，甚至還能三天兩夜的小旅行，這才是我想要的婚姻生活啊！這算不算先苦後甘呢？

偶爾出來放風，這樣簡簡單單感覺就很幸福！

什麼叫甜蜜的負荷

　　說真的！不見得每個人都適合婚姻，千萬不要被愛情沖昏了頭，還沒真正想清楚一頭熱就投入到婚姻裡，以為只要愛著對方就能永永遠遠的童話般想法，那真的很可怕！尤其是為人父母真的很不容易（偷偷拭去眼淚），需要不停學習、進步，並放棄好多原本自己喜歡的事情。

　　也是因為這樣，才讓結完婚的我感到不習慣！因為本人內心也住了一個需要被愛與關注的小女孩，很希望老公可以像以前那樣常常專注傾聽跟疼愛，雖然我已經很幸運的得到很多，但，跟婚前比起來還是常常覺得不夠。自從有了小孩的之後，更是蠟燭兩頭燒，因為他也必須一肩扛起當爸爸的責任，為了這個家我們必須強迫自己堅強，不要、也不能這麼輕易的被自己的情緒打敗。

　　孩子這麼小，他們需要被全面呵護跟陪伴。所以最後我們兩個人有說好，要一起想辦法面對嗷嗷待哺的三隻小嬰兒──從軟綿綿的寶寶、到第一次跌跌撞撞跑過

現在看著三個吵吵鬧鬧天真無邪的孩子、
貼心認真的先生，這樣甜蜜的負擔，還挺踏實的！
畢竟安定的生活對我來說太重要了！

和解篇／
40歲我寧願選擇善良

來、緊抱著叫爸爸媽媽小奶音——這份成就感，也只有當了父母才知道的感動，一切都得來不易啊！

回首我的三字頭的日子，家庭占滿了快三分之二的時間，跟先生結婚八年，加上談戀愛的這十年恍如隔世，一轉眼我已滿滿收穫，最辛苦的都熬過來了！

現在哥哥都已經到我肩膀這麼高！雖然我已經不像以前那樣的青春奔放，再也沒有像談戀愛那樣時不時腎上腺素激增的高刺激，其實我也早已習慣這樣安逸穩定的生活。

挺好的，至少我都經歷過，不會後悔比較實在，如果再重來一次，我依然會如此選擇我這樣三字頭的日子。

當你了解你自己最需要的是什麼後，
就會開始想辦法去幫自己的生命找到出路！

我愛你們，親愛的好友們

現在到了有家庭的年紀，這些年特別愛可以一起陪伴聊天、吃飯歡樂的朋友！

可能是因為組了家庭，生活模式跟以前完全不一樣，聊的話題也不同，所以，朋友幾乎刪掉了一半。

以前常聽到，年紀愈大，朋友會愈少，向來朋友很多的我，覺得怎麼可能？

現在想想，之前的朋友們都剛出社會還在起步，沒什麼太多利害關係，大家也都還很單純，不會有太多的個人意見，隨 call 隨到的隨性，這樣的景象也很難再現。

後來，我才明白，真的會因為彼此的經歷、成長，志不相同，開始有自己的想法跟脾氣，不再願意委屈自己，距離就會愈拉愈遠。對於彼此的容忍度，好的還能吵個架，交情不夠的，吵一下就分開，誰也不願再見到誰。

我自己的經驗是，朋友爭吵時，最好能把彼此介意的、不舒服的事，好好冷靜的說清楚、講明白，這樣才

有可能長長久久。如果真無法接受，那也就只能在整理舊照片的時候，翻翻過去，才又想起，啊那時每天在一起混吃混喝，的確有些時候還真的滿開心的，但也已經都過了，確實是有點感慨，唉……，怎麼說著說著，現在我好像有點在意當年不愉快的感覺啊！但，確實是有一點。

別說別人，連我都覺得自己也不像以前那樣隨和，現在相約，開始會挑時間、挑美食、挑地點、挑能給我身心靈很好建議或抒壓的朋友，這樣我才有可能願意出門，要不然目前已經不太容易讓我這麼輕易的離開先生跟孩子，尤其是孩子們，年紀比較小很黏媽媽，出門前都要十八相送，也讓我想出門的意願大大降低，自然而然，身邊的朋友就會覺得我不好約、不想打擾，到最後就變成習慣不約。

是不是很淒涼啊！以前做什麼事，都是一票朋友包圍，好不熱鬧，現在卻是小朋友包圍我，也沒有太多人敢跟我出門，

哎，我想每個當母親們的姊妹，應該很能感同身受我所表達的吧？

我先生老是勸我，每個年紀的朋友類型都不同，不要再覺得一堆朋友很好，有品質的來往，才是最舒服的友誼關係。好吧！這樣想我就釋懷許多。

雖然朋友真的比較少，漸漸也就習慣，也沒什麼不好，覺得現在擁有的好友，超棒的，有共通話題，能夠互相體諒、也能幫忙分擔這些瑣事的壓力，最重要的是也能經得起鬥鬥嘴、說真話，這才是難能可貴的真愛啊！而且這樣的真愛少之又少。

這些年還是一直陪在我們的身邊的好友，更好、更親近，這也讓我再一次感受體會到，現在就像小時候想追求的那樣，朋友真的可以像家人，甚至比家人還要親密的友誼關係，很溫暖也很貼心。

除此之外，我現在的年紀，也開始進入有些朋友會提早畢業。明明昨天還在聊天，上次也還在說要一起去吃飯，甚至也說好要一輩子陪伴到老，怎麼卻這麼突然的撒手人寰，說走就走，再也沒辦法相見，令人好心痛。特別是在夜深人靜的時候，想到他們的笑容，跟過去一起談笑風生的畫面，鼻子還是忍不住會酸酸的，眼眶紅紅。

他們的離去，讓我格外捨不得，因為我可能再找不到默契這麼好、這樣貼心的朋友，光這幾年送走了幾位至親好友，一再再的打擊，一度大到嚴重影響我的情緒，一時無法走出傷痛，這樣的生離死別真的不是我的強項，誰是呢？

人遲早都會面對生死課題，我想我還是必須面對，也必須開始練習，總有一天身邊的朋友甚至家人，都會這樣慢慢的畢業。

在此之前，我要好好珍惜每一次相見的機會，我很慶幸還在身邊的這些閨蜜、知心。

謝謝你們不離不棄的愛，不管發生任何事情，
只要一通電話，那個愛的連線，不管多遠，
我都還是能感到自己不孤單，
我愛你們，親愛的好友們啊！

賺錢與成就

當我們到了一個年紀的時候，常常會被問到，請問你是做什麼職業？

每一份工作帶來的成果，就像一張名片一樣，伴著人生有不同的階段。

有時候這份看似簡單的工作，就是可以決定一個人的人生高度，好比我是開餐廳，跟我在餐廳打工，是不是馬上就能感覺到區別，明明都是在餐廳工作，到底哪裡不同了呢？畢竟老闆可以掌控的比較多，就是會有讓人感覺當老闆比較厲害。

當然職業不分貴賤，能夠靠自己的一分力量養活自己，幹嘛管別人怎麼看，可是，人就是喜歡比較，尤其是在工作職位的差別，總是可以在這樣的落差找到自己比較有價值的感受，然後還偷偷的忍不住評價了這個人。

這也怪不了誰，為什麼人很容易會有這樣偏差的想法，因為社會就是如此現實，看表面這件事，早已行之有年，你開什麼車？穿什麼樣的衣服？帶什麼樣的錶？

這些我們看見的外表，就是我們一直在努力工作的動機嗎？當然多多少少還是有一點虛榮、物質的成分在，唯一的差別就是有沒有看透！

在當藝人之前，我打過幾次工，像是家庭手工，差不多是在我國小五、六年級的時候，我跟著鄰居去批一些手作，把半成品完成，一個兩毛錢，花了半天做滿一大袋，大概一百塊不到，雖然錢很少，可是我覺得很有成就感，可以靠自己打工賺點錢，感覺自己好像長大了！重點是這份工作不太需要什麼專長，只要手夠巧，就能勝任！

在那個時候我根本沒有想太多，主要希望這份工作的收入，可以幫阿嬤多賺一點外快，就這麼簡單，所以也沒有考慮投資報酬率。這樣也做了好幾個月，後來因為長期需要勞動到手，皮膚、手指都被摩擦破皮，最後被我阿嬤制止。阿嬤說她希望我花時間在課業上，不要浪費太多時間在這份辛苦的工作，同時明白表示，她不缺我這份打工所賺取的微薄收入。

那時候年紀小的我，不大能理解她為什麼要這樣說，心裡只覺得怎麼阿嬤沒有特別感謝我的心意，有點小小失望。

在我的記憶中還有一份工作，差不多是我在高職的時候，自己毛遂自薦去應徵了超市美工（它是一家自營的超級市場，規模不大也不小）。

為什麼要這麼積極的去爭取這份工作呢？因為那個時候我是念廣告設計科，對設計充滿熱忱，超級希望可進到這間超市擔任視覺設計，不論是櫥窗陳列或是廣告規畫，連海報都是自己寫好，再拜託老闆讓我替他工作。

　　看到我這種滿腔熱血的設計人，老闆很快就跟我談好薪水，還直接把整間超市讓我發揮，當時我興奮得幾乎是用尖叫的衝回家告訴阿嬤：「我又找到工作了！」重點是這次薪水比之前的那些工作高一些，這讓我有點得意，好像人生又升級的感覺，飄飄然的自我滿足感，舒服！當時給我帶來極大的成就感。

　　自從應徵上這一份工作，我又恢復以往充滿動力的樣子，進入沒日沒夜的工作模式，很希望自己可以讓這家超市變得很不一樣，認真到好像是自己經營的。那時候資訊沒像現在網路那麼發達，我幾乎每天下課就跑圖書館或書店去做功課，看遍所有設計書籍跟設計雜誌去充實自己。

　　很快的，這間超市也因為有了很多不同以往的視覺感受，整間超市的氛圍變得活絡，業績也很不錯，老闆開心得不得了！我也沾沾自喜了許久。

但，這分愉悅的成就感，不到幾個月就消失了！

有一天，老闆突然打電話給我，告訴我說，他不再需要我幫忙，叫我不用再去工作，他覺得雇用我有點超支，希望可以省下這筆薪水，也期望我能體諒。

瞬間，失落感又再次的湧上心頭。沒隔幾天我經過超市，發現，原來老闆把我的設計跟陳設一切全部複製貼上了！

當下我除了驚訝，非常的憤怒，甚至想衝進去超市大聲罵老闆：「怎麼可以這樣？」這世界上怎麼會有這樣的人，我辛苦的心血就這樣被他偷走了！我好難過也好沮喪。

當然，我沒有進去罵他，帶著痛苦的心情回家，阿嬤看到我這麼難過，問我怎麼了？淚水馬上不爭氣的直落落，委屈得哭了起來。

　　說真的，我也忘了自己是怎麼釋懷的，直到我畢業後離開了老家，隻身來到台北進入演藝圈，才又開始我人生另一個事業的新篇章。

和解篇／
40 歲我寧願選擇善良

跌倒了，要慶祝！

　　每次進到一個新的工作職場，我不會把之前的工作挫敗的情緒帶進下一個工作，也不會因為遭遇職場上的打擊而感到恐懼，反倒對新工作充滿期待。

　　我喜歡新的事物，也很愛認識跟研究各式各樣的人，因為可以從他們身上觀察到很小的工作習慣和細節。

　　很有趣的是，每個人在面對壓力、職場競爭與八卦都會不同的反應。

　　我觀察到有些人真的很厲害，會很冷靜的找出問題，也很有魄力的協調、改進，就事論事的處理事情，不太會發表個人感受與任何意見，就算吃虧也不會去計較，總是讓問題風暴快速的、順順過去。從他們身上，我學習到，太多情緒真的會影響判斷，所以成功的人士的 EQ、IQ，真的太強大了！這讓我非常激賞、欽佩。

但，還是會有人是遇到問題就很愛鬧事、八卦、小題大作，充滿算計，更愛打小報告，重點是，他們的不聰明作為，使他們工作都只能圍繞在這些沒有進步的事情上，格局自然限縮了他們的眼界和發展，因為他們都只顧眼前的利益，不懂得務實的工作技能和計畫，只能靠著本能跟勞力，守著手上的一切。

　　長大之後，像這類的人，通常我都會離得很遠，靠太近，有一天你將會成為他手中那一位可以利用的犧牲者。這就是弱肉強食的社會法則，以前老是因為這些令人傻眼的行為感到不舒服跟難受，不知道是不是出社會工作久了、也習慣，漸漸的也傷不到我了！

　　慢慢的，我愈來愈堅強，擁有了自己的一片天，就不再像以前那樣，動不動就感到迷惑失望，當然也因為能力愈大，也就會開始懂得保護自己，不輕易的軟弱。

　　現在回想起青澀年代打工的經驗，不禁疑惑為什麼年輕的時候很容易感覺到沒有自信？也終於瞭解阿嬤為什麼不讓我去打工——我知道她是捨不得看到我的手受傷，連寫字拿筆都拿不穩，與其浪費時間做手工賺小錢，倒不如我能夠專心的完成自己該完成的學業，好好的花時間培養自己的專業，才有可能得到更穩定工作與找到一份自我價值，利用自己的專長得到更高的薪資還有尊重。

以前那些讓我傷心的工作經驗也讓我學到，想要做大事就要忍住所有可能的打擊，這樣才能迎著風浪前行。

千萬不要太容易的被打倒，
必須藉著每次的挫敗，看見自己的不同跟不足。

這很重要！沒有人可以為你負責，試著勇敢挑戰自己的極限，努力創造無法被取代的可能，這樣才有機會走得遠，做得更好。

一位前輩曾經告訴我，希望我永遠記住，「一個成功的事業背後是需要一個專業團隊，要懂得放手，也不要太糾結在死胡同裡，總是要隨機應變，而且一個人做事真的比較辛苦，你必須靠人脈與經驗累積才有可能爬到一定的高點，相對的，這也是需要時間去慢慢累積、推進，慢慢的調整。」

多聽一些成功過來人的經驗提醒、勉勵自己，當我們站上屬於自己的工作領域後，不必恐懼，往前衝就是了！哪天你突然往回看會發現，原來都是自己絆倒了自己。

　　所以我們跌倒了，要慶祝，我們學到了珍貴的一課！即便走錯方向，再審視自己內心想要的，按照心意調回軌道上，直到達到我們滿意的環境跟狀態。

　　只是要小心不要落入了驕傲的陷阱裡，把自己變得就像我們以前討厭的那些人一樣，還沒努力就已經開始嫌棄跟抱怨；還有不要偷機取巧，這不但非常不切實際，更不會有幫助，還會趕走一些看好你的人。

　　這都是我常常警惕自己，戰戰兢兢面對自己的工作，因為我很珍惜，這一切得來不易的機會，我不想哪天又發生，哪位老闆一通電話，告訴我不用再來，我努力成為自己的老闆。

只有我能掌控自己的未來，
而不再是從別人的口中來定義自我的能力跟價值。

我親愛的摯友，
see you soon!

台北的夜生活就跟我的青春一樣，可以偶爾一會，
卻再也回不來的現實生活裡，我已經不再是以前的自己，
更不是說走就走的年紀，但人生的腳步不會停！

人生順利需要設計，偶爾也要靠演技

黃小柔女人柔性覺醒的 20 堂課

作　　　者／黃小柔
攝　　　影／Lucas, IG:lucas_visual
企畫選書人／賈俊國

總　編　輯／賈俊國
副 總 編 輯／蘇士尹
編　　　輯／高懿萩
美 術 編 輯／賴　賴
行 銷 企 畫／張莉滎・蕭羽猜・黃欣

發　行　人／何飛鵬
法 律 顧 問／元禾法律事務所王子文律師
出　　　版／布克文化出版事業部
　　　　　　臺北市中山區民生東路二段 141 號 8 樓
　　　　　　電話：（02）2500-7008　傳真：（02）2502-7676
　　　　　　Email：sbooker.service@cite.com.tw
發　　　行／英屬蓋曼群島商家庭傳媒股份有限公司城邦分公司
　　　　　　臺北市中山區民生東路二段 141 號 2 樓
　　　　　　書虫客服服務專線：（02）2500-7718；2500-7719
　　　　　　24 小時傳真專線：（02）2500-1990；2500-1991
　　　　　　劃撥帳號：19863813；戶名：書虫股份有限公司
　　　　　　讀者服務信箱：service@readingclub.com.tw
香港發行所／城邦（香港）出版集團有限公司
　　　　　　香港灣仔駱克道 193 號東超商業中心 1 樓
　　　　　　電話：+852-2508-6231　　傳真：+852-2578-9337
　　　　　　Email：hkcite@biznetvigator.com
馬新發行所／城邦（馬新）出版集團 Cité（M）Sdn. Bhd.
　　　　　　41, Jalan Radin Anum, Bandar Baru Sri Petaling,
　　　　　　57000 Kuala Lumpur, Malaysia
　　　　　　電話：+603- 9057-8822　　傳真：+603-9057-6622
　　　　　　Email：cite@cite.com.my
印　　　刷／卡樂彩色製版印刷有限公司
初　　　版／2023 年 01 月
定　　　價／320 元
　　　ISBN／978-626-7256-34-3
　　　EISBN／978-626-7256-33-6（EPUB）

城邦讀書花園　布克文化
www.cite.com.tw　WWW.SBOOKER.COM.TW